AF187646

Impressum
Verlag: BABADADA GmbH, Nedderfeld 112 , 22529 Hamburg
Geschäftsführer / Verlagsleitung: Harald Hof
Druck: Books on Demand GmbH, In de Tarpen 42, 22848 Norderstedt

Imprint
Publisher: BABADADA GmbH, Nedderfeld 112 , 22529 Hamburg, Germany
Managing Director / Publishing direction: Harald Hof
Print: Books on Demand GmbH, In de Tarpen 42, 22848 Norderstedt

école

dugsi

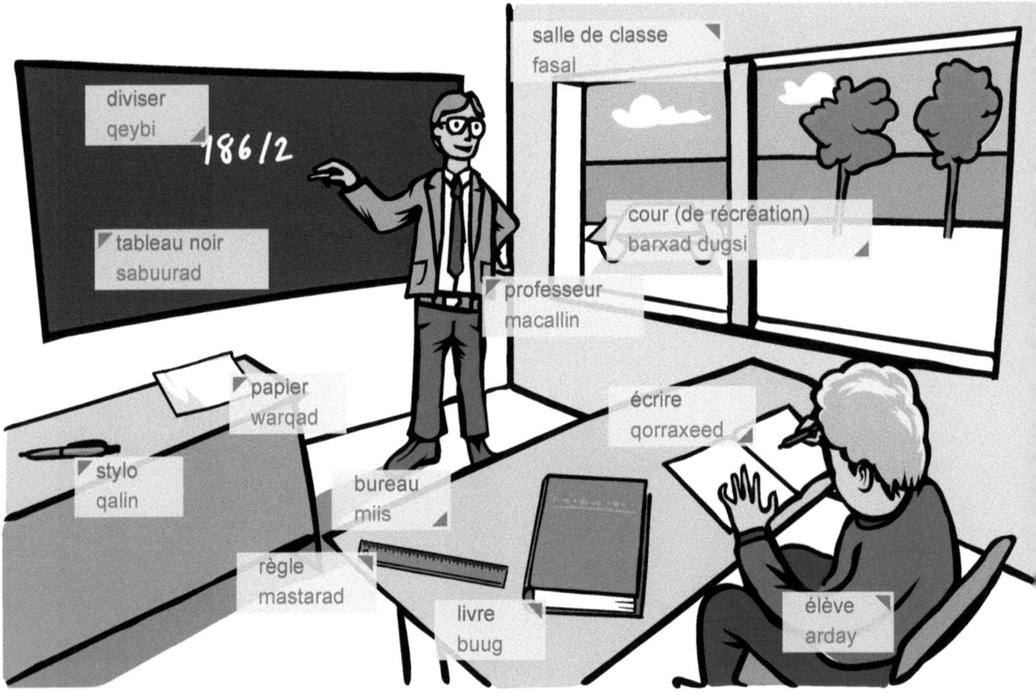

salle de classe
fasal
diviser
qeybi
186/2
tableau noir
sabuurad
cour (de récréation)
barxad dugsi
professeur
macallin
papier
warqad
écrire
qorraxeed
stylo
qalin
bureau
miis
règle
mastarad
livre
buug
élève
arday

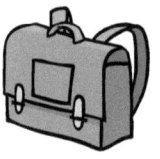

cartable

boorso

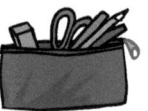

trousse

kiis qalin-qori

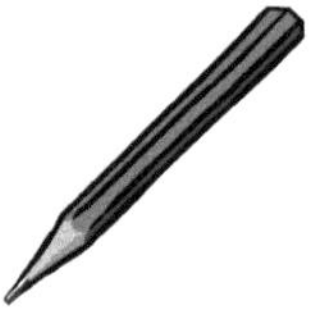

crayon

qalin-qori

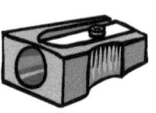

taille-crayon

koobka qalin qor

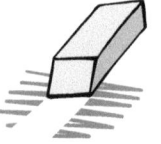

gomme

titirre

carnet à dessin

buugga sawirka

dessin

sawirid

pinceau

burushka midabaynta

boîte de peinture

gasaca midabaynta

ciseaux

maqasyo

colle

koollo

cahier d'exercices

buug qoraal

devoirs

shaqo-guri

12

chiffre

lambar

2+2

additionner

ku dar

5-2

soustraire

ka jar

2×2

multiplier

ku dhufo

calculer

xisaabi

A

lettre

warqad

ABCDEFG HIJKLMN OPQRSTU VWXYZ

alphabet

alifbeeto

hello

mot

erey

texte

qoraal

lire

akhri

craie

jeesto

leçon

cahsar

livre de classe

diiwaan

examen

imtixaan

certificat

shahaado

uniforme scolaire

direes dugsi

formation

waxbarasho

lexique

dlwaan mowduuceed

université

jaamacad

microscope

mayskariskoob

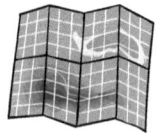

carte

khariidad

corbeille à papier

haan qashin-gur

voyage
safar

Grand
hôtel
hoteel
auberge
hoteel jiif-cunto
CHANGE
bureau de change
xafiiska sarrifaka lacagaha
valise
shandad-dhar
voiture
baabuur

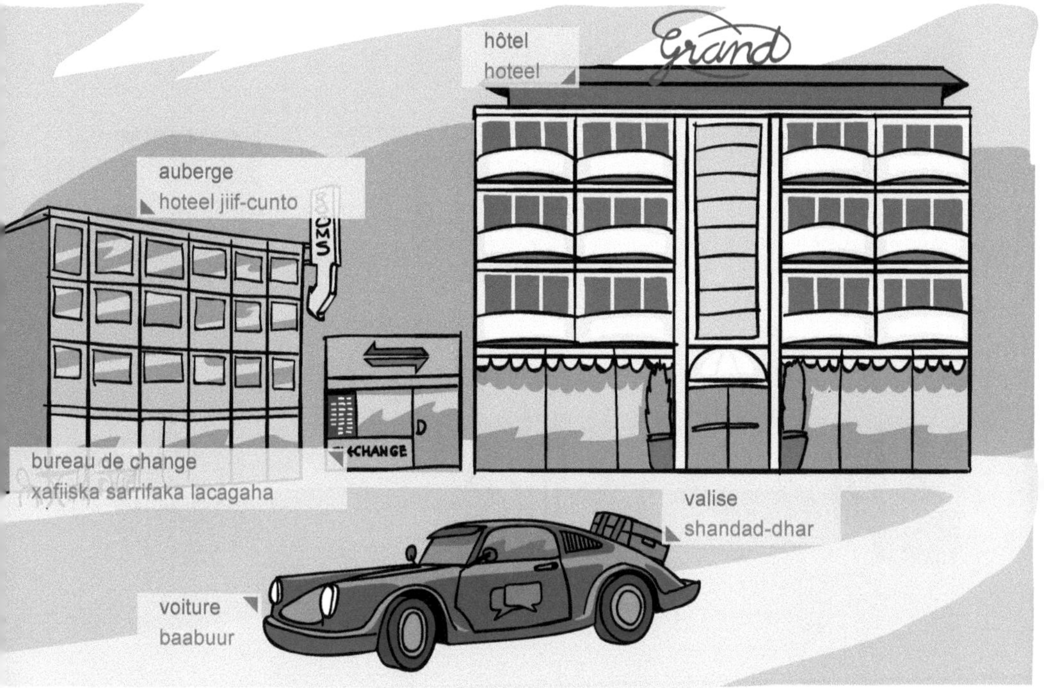

langue
luuqad

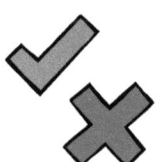

oui / non
haa / maya

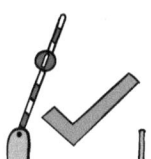

d'accord
Hagaag

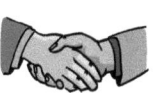

Salut
nabad miyaa

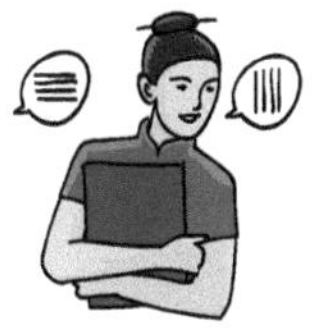

interprète
turjumaan

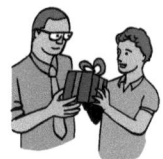

merci
Waad mahadsan tahay

Combien coûte...?

waa immisa...?

Je ne comprends pas

ma aanan fahamin

problème

dhibaato

Bonsoir !

galab wanaagsan!

Bonjour !

subax wanaagsan!

Bonne nuit !

habeen wanaagsan!

Au revoir

nabad gelyo

direction

jiho

bagages

alaabo

sac

boorso

sac-à-dos

boorso-dhabar

hôte

marti

pièce

qol

sac de couchage

katiifad

tente

teendho

office de tourisme
xog dalxiis

plage
xeebta

carte de crédit
kaar amaah

petit-déjeuner
quraac

déjeuner
qado

dîner
casho

billet
rasiid

ascenseur
wiish

timbre
tiimbare

frontière
xuduud

douane
qeybta-canshuur-bixinta

ambassade
safaarad

visa
dal ku gal

passeport
baasaboor

transport
gaadiid

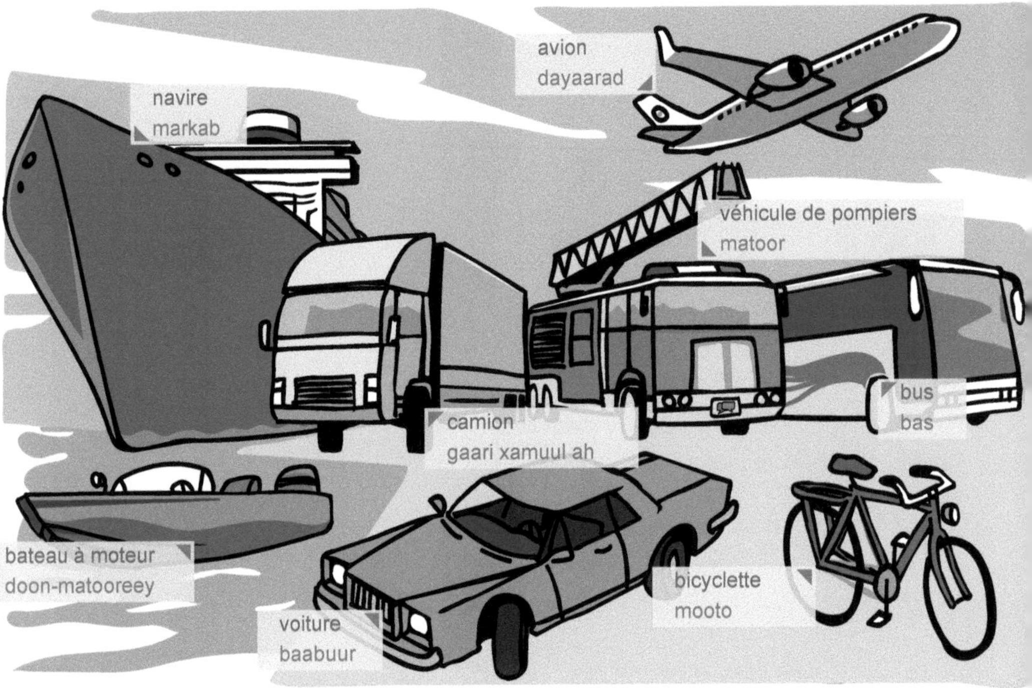

avion
dayaarad
navire
markab
véhicule de pompiers
matoor
bus
bas
camion
gaari xamuul ah
bateau à moteur
doon-matooreey
bicyclette
mooto
voiture
baabuur

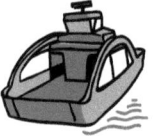

ferry
doon

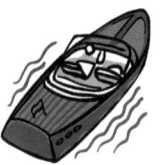

barque
doonnida

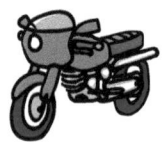

moto
mooto

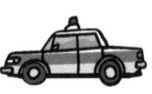

voiture de police
baabuur booliis

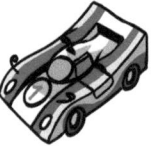

voiture de course
baabuur baratan

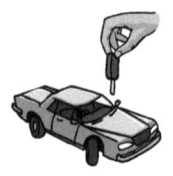

voiture de location
baabuur la-kiraysto

auto-partage

gaadiid-wadaag

voiture de remorquage

wiishle

benne à ordures

gaari qashin-gure

moteur

matoor

essence

shidaal

station d'essence

ajib

panneau indicateur

calaamad taraafiko

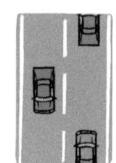

trafic

taraafiko

embouteillage

jaam baabuur

parking

baarkin-baabuur

gare

boosteejo tareen

rails

waddo-tareen

train

tareen

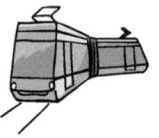

tramway

taraam

wagon

gaari faras

hélicoptère

helikobtar

aéroport

garoonka dayuuradaha

tour

manaarad

passager

rakaab

conteneur

weel

carton

kartoon

chariot

gaari faras

corbeille

dambiil

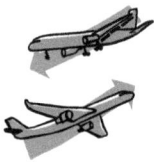

décoller / atterrir

kicid / degis

ville

magaalo

village

tuulo

centre-ville

faras magaale

maison

guri

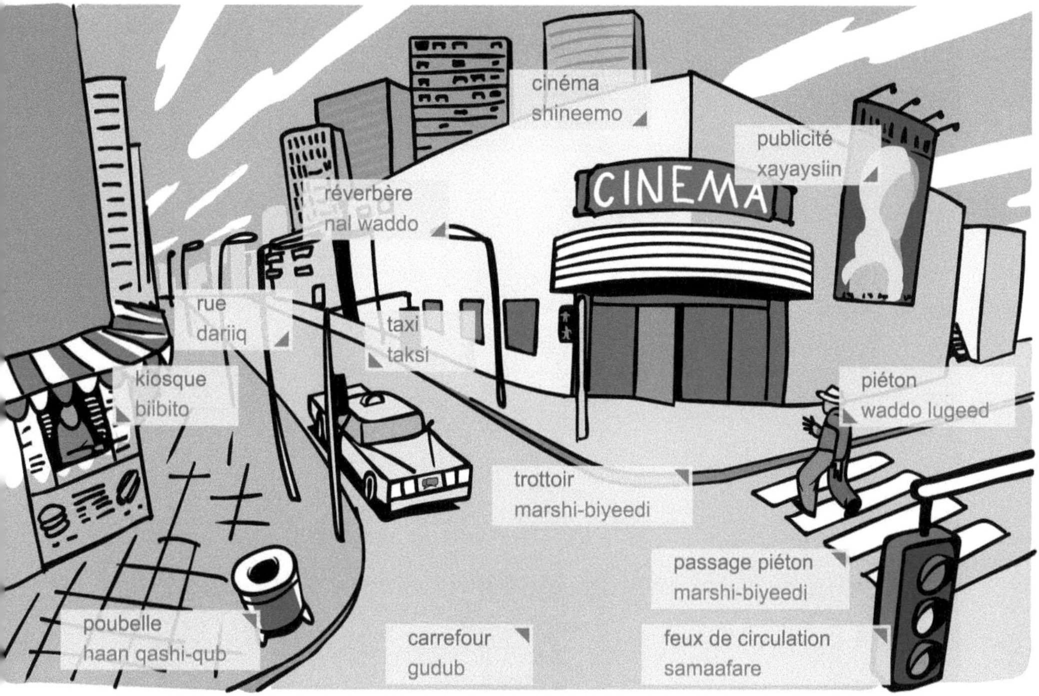

cinéma
shineemo

publicité
xayaysiin

réverbère
nal waddo

CINEMA

rue
dariiq

taxi
taksi

piéton
waddo lugeed

kiosque
biibito

trottoir
marshi-biyeedi

passage piéton
marshi-biyeedi

poubelle
haan qashi-qub

carrefour
gudub

feux de circulation
samaafare

cabane

mundul

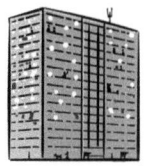

appartement

dabaq

gare

boosteejo tareen

mairie

xarunta dowladda-hoose

musée

matxaf

école

dugsi

université

jaamacad

banque

bangi

hôpital

isbitaal

hôtel

hoteel

pharmacie

farmasi

bureau

xafiis

librairie

buug shoob

magasin

dukaan

fleuriste

dukaan ubax

supermarché

carwo

marché

suuq

grand magasin

suuq weyne

poissonnerie

kalluun-iibshe

centre commercial

suuq

port

furdo

parc jardiino	banque kursi	pont buundo

escaliers jaraanjaro	métro waddo-tareen-hoosaad	tunnel waddo-dhul hoose

arrêt de bus boosteejo	bar baar	restaurant makhaayad

boîte à lettres sanduuq boosto	panneau indicateur calaamad waddo	parcmètre joogid-cabbire

zoo beer-xayawaan	piscine barkad dabbaalasho	mosquée masaajid

ferme
beer

pollution
naqas

cimetière
qabuuro

église
kaniisad

aire de jeux
garoon

temple
macbad

paysage

muqaal-dhireed

feuille
caleen

panneau indicateur
calaamad-waddo

chemin
waddo

pré
seere

pierre
dhagax

randonneur
buur korre

arbre
geed

rivière
webi

herbe
caws

fleur
ubax

vallée
dooxo

montagne
buur

lac
laag

forêt
kayn

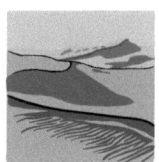

désert
saxare

volcan
foolkaano

château
qasri

arc-en-ciel
qaanso-roobaad

champignon
barkin-waraabe

palmier
geed timireed

moustique
kaneeco

mouche
duqsi

fourmis
qoraanjo

abeille
shinni

araignée
caaro

coléoptère

dameer-duudeey

grenouille

rah

écureuil

dabagaalle

hérisson

kashiito

lièvre

dabagaalle

chouette

guumeys

oiseau

shimbir

cygne

boolo-boolo

sanglier

doofaar-jilibeey

cerf

deero

élan

faras-duur

barrage

biyo-xireen

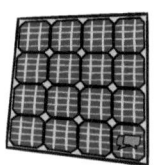

éolienne

tamar-dhaliye

panneau solaire

soollar

climat

cimilo

restaurant
makhaayad

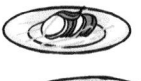

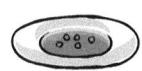

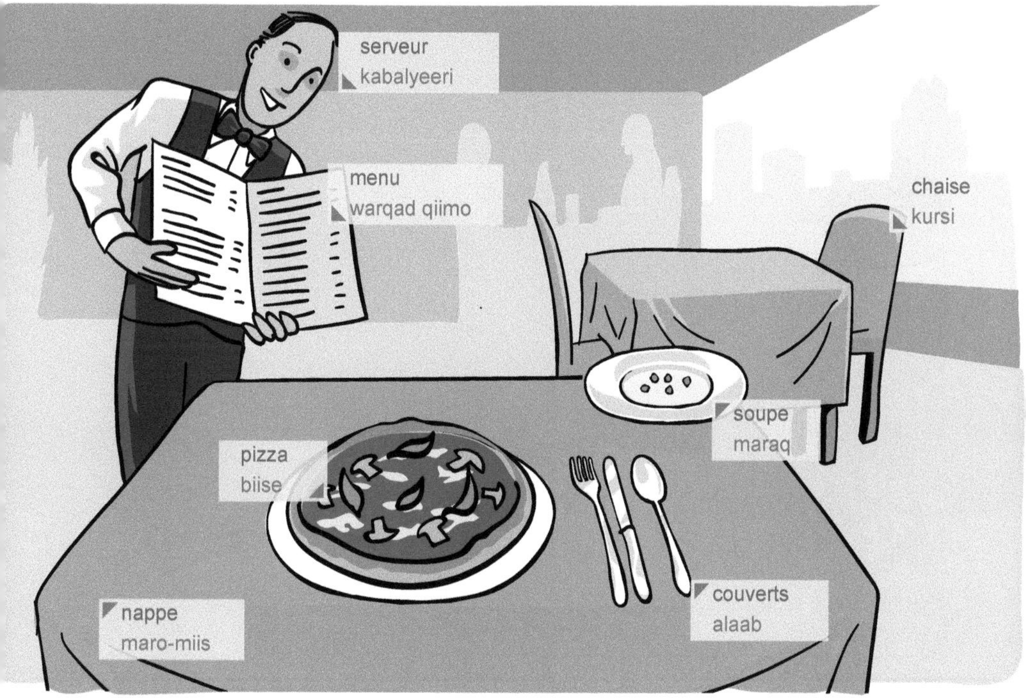
serveur
kabalyeeri
menu
warqad qiimo
chaise
kursi
soupe
maraq
pizza
biise
couverts
alaab
nappe
maro-miis

hors d'œuvre

af-billow

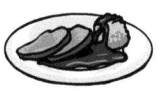

plat principal

cunto bariimo

dessert

macmacaan

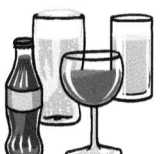

boissons

cabitaan

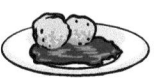

alimentation

cunto

bouteille

dhalo

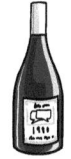

fast-food

cunto diyaarsan

plats à emporter

cunto-waddo

théière

jalmad shaah

sucrier

weelka sonkorta

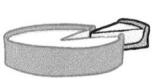

portion

qayb

machine à expresso

mashiinka isbareesada

chaise haute

kursi dheer

facture

biil

plateau

tereey

couteau

mındı

fourchette

fargeeto

cuillère

qaaddo

cuillère à thé

malqacad-shaah

serviette

shukumaan miis

verre

galaas

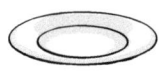

assiette

saxan

assiette à soupe

saxanka maraqa

soucoupe

saxan

sauce

suugo

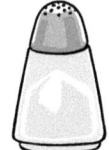

salière

weelka cusbada

moulin à poivre

basbaas shiide

vinaigre

fixiye

huile

saliid

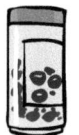

épices

dhandhanaan

ketchup

suugo

moutarde

mastaard

mayonnaise

mayoonees

supermarché

carwo

offre promotionnelle
qiima dhimis qaas ah
FOR
client
macmiil
produits laitiers
caano
fruits
miro
chariot
gaariga adeega

BUTCHERS

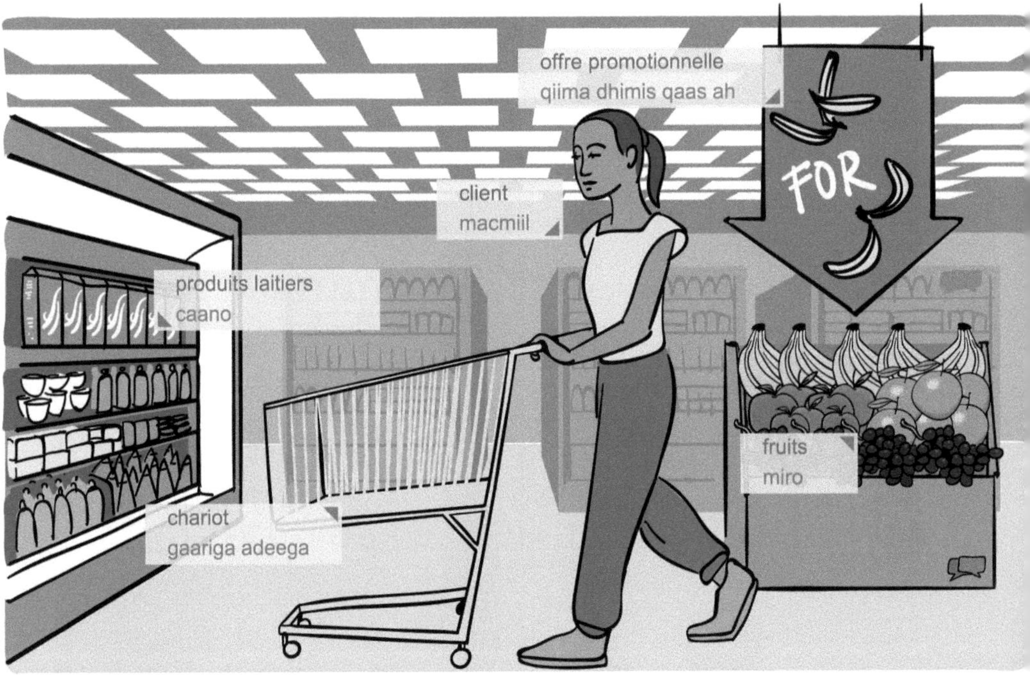

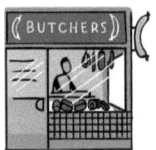

boucherie

kawaan

BAKERY

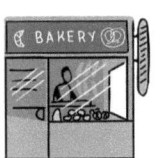

boulangerie

foorno

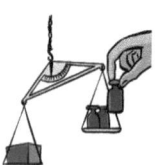

peser

cabbir

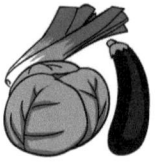

légumes

khudaar

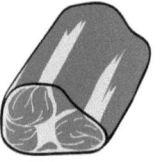

viande

hilib

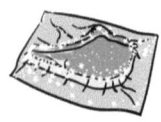

aliments surgelés

cunto la qaboojiyay

charcuterie

hilibka qadada

conserves

cunto gasacadeysan

poudre à lessive

oomo

bonbons

macmacaan

articles ménagers

alaabada guri

détergents

alaabo nadaafad

vendeuse

iibshe

caisse

diiwaan lacagta

caissier

qasnaji

liste d'achats

liis adeeg

heures d'ouverture

saacadaha shaqo

portefeuille

shandada jeebka

carte de crédit

kaar amaah

sac

bac

sac en plastique

bac

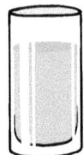

eau

biyo

jus de fruit

casiir

lait

caano

coca

kooka-kola

vin

khamri

bière

biir

alcool

khamri

chocolat chaud

kooke

thé

shaah

café

kafee

expresso

isberesso

cappuccino

koobishiin

banane

muus

pomme

tufaax

orange

liin-bambeelmo

melon

qare

citron

liin

carotte

karooto

ail

toon

bambou

baambuu

oignon

basal

champignon

barkin-waraabe

noisettes

loos

pâtes

baasto

spaghetti

baasto

riz

bariis

salade

salar

pommes frites

jibsi

pommes de terre rôties

baradho shiilan

pizza

biise

hamburger

haambeegar

sandwich

saanwij

escalope

hilib-jiir

jambon

hilib-doofaar

salami

salami

saucisse

sooseej

poulet

hilib-digaag

rôti

duban

poisson

kalluun

flocons d'avoine

sareenta mashaarida

muesli

quraac isku-dhafan

cornflakes

daango

farine

bur

croissant

nooc rooti ah

petits-pains

rooti

pain

rooti

pain grillé

rooti-la-kulluleeyey

biscuits

buskud

beurre

subag

le fromage blanc

hanti

gâteau

doolsho

œuf

ukun

œuf au plat

ukun shiilan

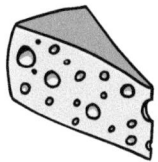

fromage

burcad

glace

jalaato

sucre

sonkor

miel

malab

confiture

malmalaado

crème nougat

labeen macmacaan

curry

suugo

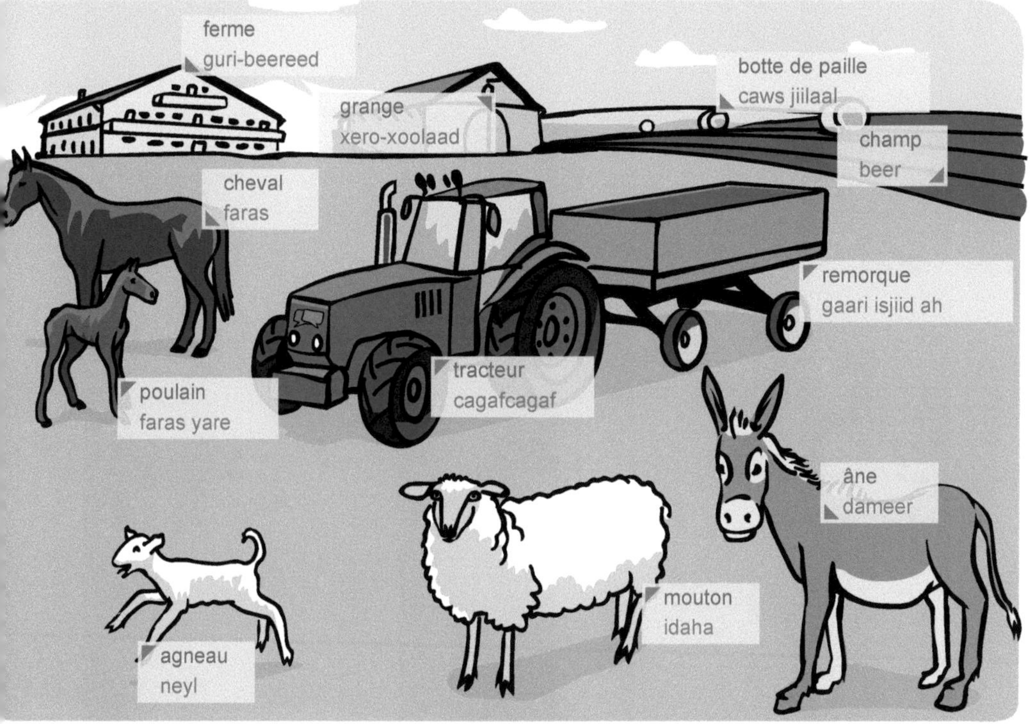

ferme
guri-beereed

grange
xero-xoolaad

botte de paille
caws jiilaal

champ
beer

cheval
faras

remorque
gaari isjiid ah

poulain
faras yare

tracteur
cagafcagaf

âne
dameer

agneau
neyl

mouton
idaha

chèvre

ri'

vache

sac

veau

weyl

porc

doofaar

porcelet

dhal doofaar

taureau

dibi

oie

bawaato lab

canard

bawaato

poussin

jiijiile

poule

digaag

coq

diiq

rat

doolli

chat

bisad

souris

jiir

bœuf

dibi

chien

eey

chenil

hoyga eeyga

tuyau de jardin

tuubbo waraab

arrosoir

sakeelka waraabinta

faucheuse

gudin

charrue

carro-roge

faucille

gudin

pioche

yaambo

fourche

fargeeto caws-beereed

hache

faas

brouette

gaari -gacan

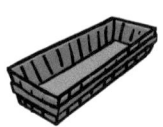

cuve

dar

pot à lait

dhalada caanaha

sac

jawaan

clôture

deer

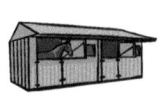

étable

xero xooleed

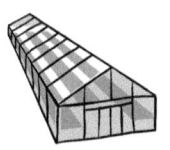

serre

gur-biqlin-dhireed

sol

ciidda

semences

abuuka

engrais

bacrimiye

moissonneuse-batteuse

cagafta beer-goynta

récolter

beer-goyn

récolte

beer-gooyn

igname

moxog

blé

sarreen

soja

soya

pomme de terre

baradho

maïs

galley

colza

geed-saliideed

arbre fruitier

geed mirood

manioc

moxog

céréales

firiley

maison
guri

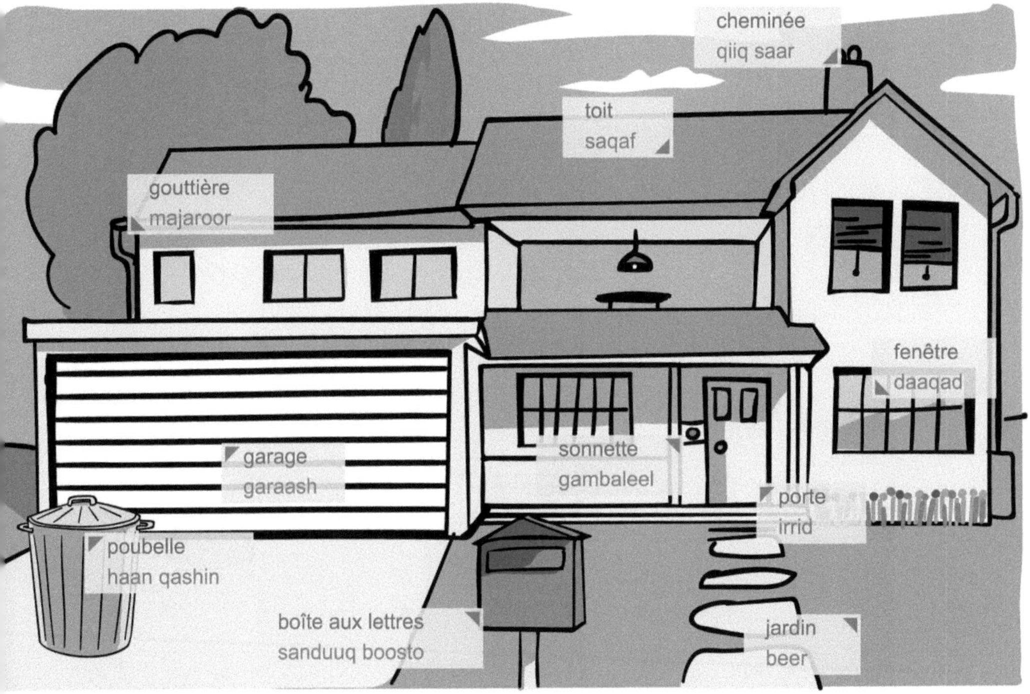
cheminée
qiiq saar
toit
saqaf
gouttière
majaroor
fenêtre
daaqad
garage
garaash
sonnette
gambaleel
porte
irrid
poubelle
haan qashin
boîte aux lettres
sanduuq boosto
jardin
beer

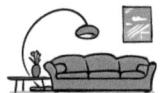

salon
qol jiib

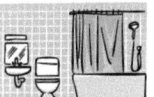

salle de bain
musqul-qubeys

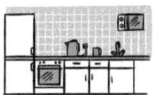

cuisine
jiko

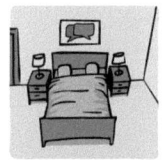

chambre à coucher
qolka jiifka

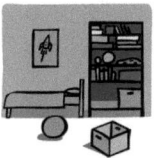

chambre d'enfant
qolka ilmaha

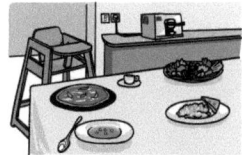

salle à manger
qolka cuntada

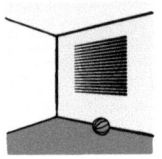

sol

sagxad

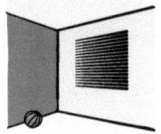

mur

derbi

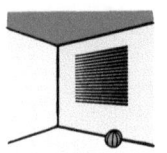

plafond

saqaf

cave

makhaasiin

sauna

soona

balcon

balakoon

terrasse

daarad

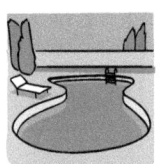

piscine

barkad

tondeuse à gazon

caws-jare

housse

buste

couette

go'

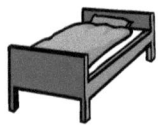

lit

sariir

balai

xaaqin

sceau

baaldi

interrupteur

daare-damiye

salon
qol jiib

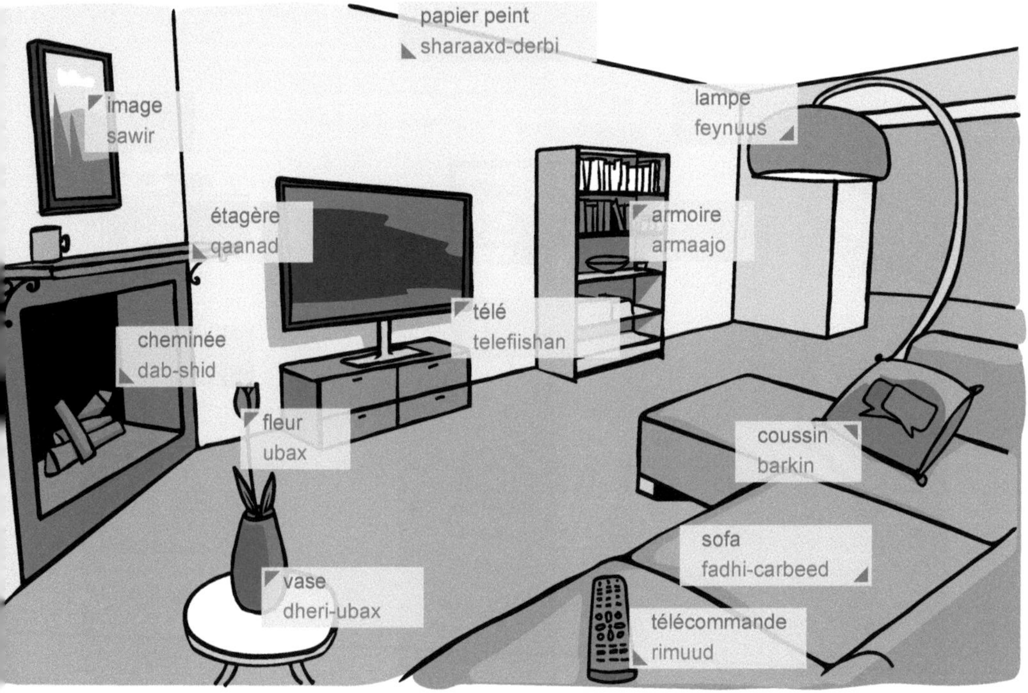

papier peint
sharaaxd-derbi
image
sawir
lampe
feynuus
étagère
qaanad
armoire
armaajo
télé
telefiishan
cheminée
dab-shid
fleur
ubax
coussin
barkin
sofa
fadhi-carbeed
vase
dheri-ubax
télécommande
rimuud

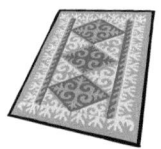

tapis

roog

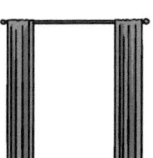

rideau

daah

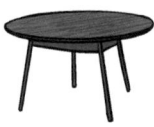

table

miis

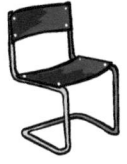

chaise

kursi

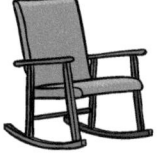

chaise à bascule

kursi wareega

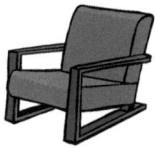

fauteuil

kursi fadhi

livre

buug

couverture

buste

décoration

qurxin

bois de chauffage

xaabo

film

filin

chaîne hi-fi

cod-baahiye

clé

fure

journal

wargeys

peinture

rinjiyeyn

poster

tabeelo

radio

raadiye

bloc-notes

xusuus-qor

aspirateur

huufar

cactus

tiitiin

bougie

shumac

cuisine
jiko

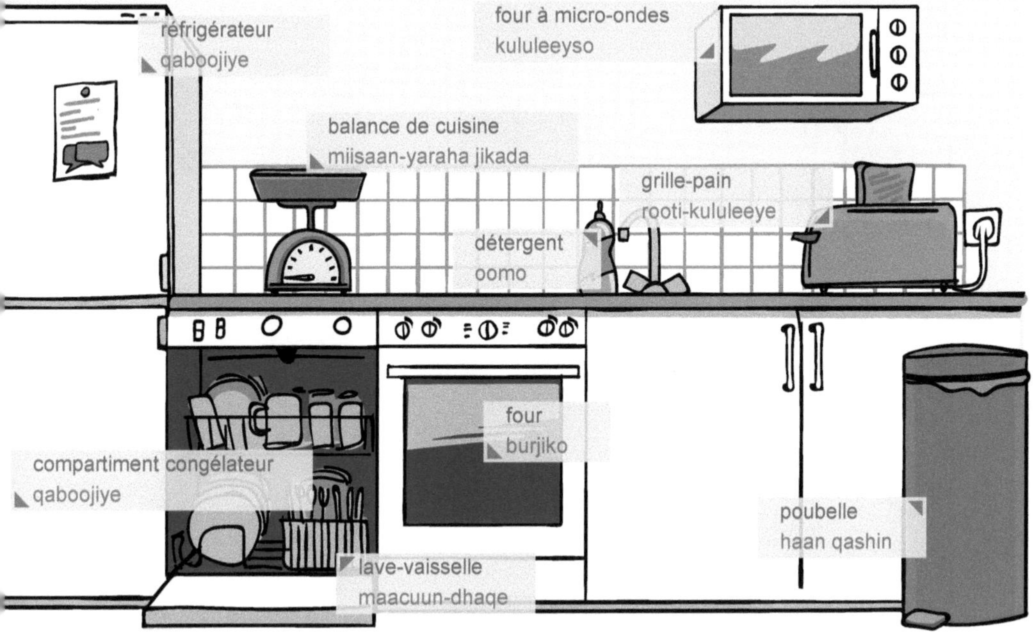

réfrigérateur
qaboojiye
four à micro-ondes
kululeeyso
balance de cuisine
miisaan-yaraha jikada
grille-pain
rooti-kululeeye
détergent
oomo
four
burjiko
compartiment congélateur
qaboojiye
poubelle
haan qashin
lave-vaisselle
maacuun-dhaqe

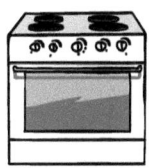

four
kuuker

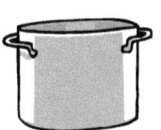

casserole
dheri

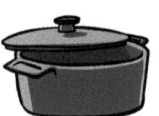

marmite
birtaawo

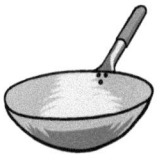

wok / kadai
birtaawo

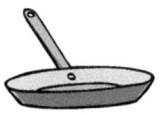

poêle
birtaawo

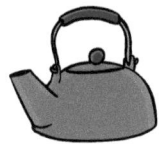

bouilloire electrique
kirli

cuiseur vapeur

uumiye

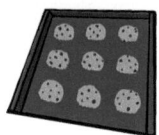

plaque de cuisson

saxaarad dubista

vaisselle

maacuun

gobelet

bakeeri

coupe

baaquli

baguettes

qoryo wax lagu cuno

louche

malqacad

spatule

qaado

fouet

folow

passoire

miire

tamis

shashaq

râpe

qudaar-jare

mortier

mooye

barbecue

hilib-sol

cheminée

dab

planche à découper

alwaaxa wax-jar-jarka

rouleau à pâtisserie

ul jabaati

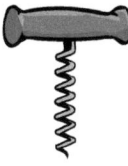

tire-bouchon

guf-saare

boîte

gasac

ouvre-boîte

gasac-fure

maniques

istaraasho-jiko

lavabo

saxanka-alaab-dhaqa

brosse

caday

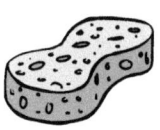

éponge

isbuunyo

mixeur

shiide

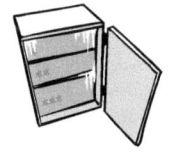

congélateur

qaabojin qoto-dheer

biberon

masaasad

robinet

tuubbo

salle de bain

musqul-qubeys

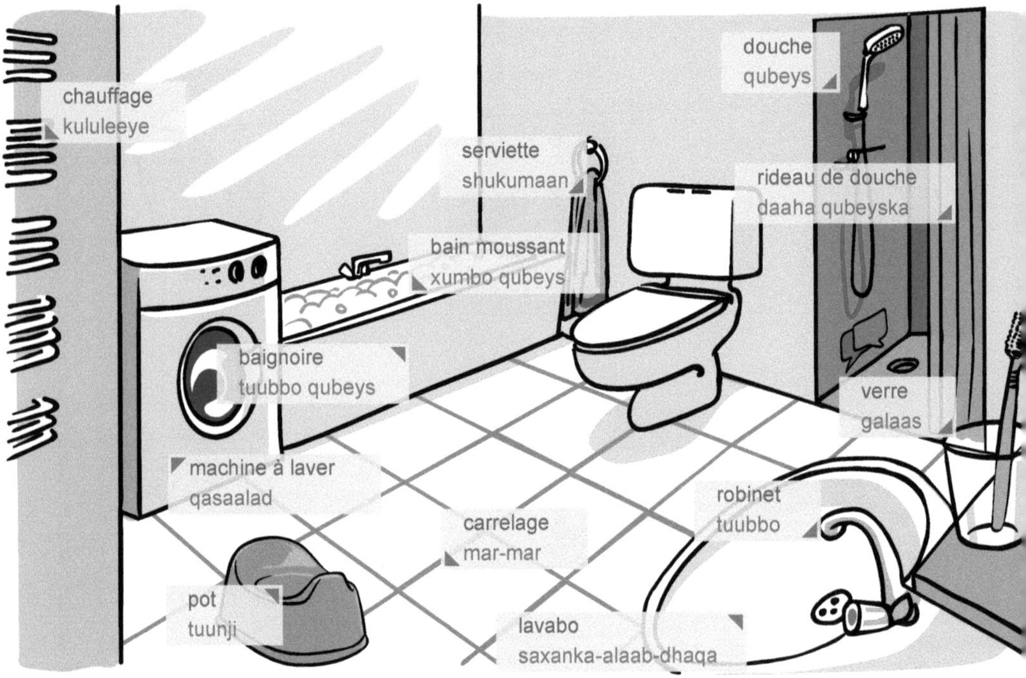

chauffage
kululeeye
serviette
shukumaan
douche
qubeys
rideau de douche
daaha qubeyska
bain moussant
xumbo qubeys
baignoire
tuubbo qubeys
verre
galaas
machine à laver
qasaalad
robinet
tuubbo
carrelage
mar-mar
pot
tuunji
lavabo
saxanka-alaab-dhaqa

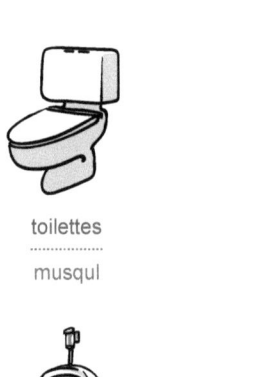

toilettes

musqul

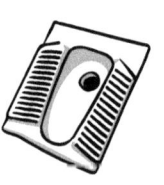

toilette à la turque

musqusha fadhiga

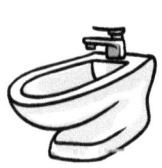

bidet

siin

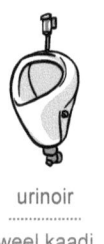

urinoir

weel kaadi

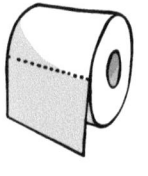

papier toilette

tiish musqul

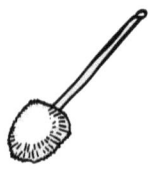

brosse à toilette

burushka musqusha

brosse à dents

caday

dentifrice

daawo caday

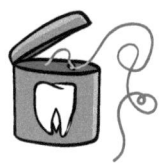

fil dentaire

dunta ilka farashada

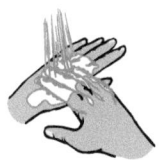

laver

dhaq

douche manuelle

gacan qubeys

douche intime

tuubo-musqul

vasque

beeshin

brosse dorsale

burush-qubeys

savon

saabuun

gel douche

shaambo

shampooing

shaambo

gant de toilette

cago-saar

écoulement

biyo-saare

crème

kareem

déodorant

carfiso

miroir

muraayad

miroir cosmétique

muraayad gacmeed

rasoir

sakiin

mousse à raser

xumbada xiirashada

après-rasage

daawo gar-xiir

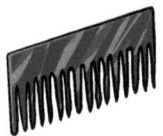

peigne

shanlo

brosse

burush

sèche-cheveux

fooneeye

laque pour cheveux

timo-buufis

fond de teint

waji-qurxiye

rouge à lèvres

rooseeto

vernis à ongles

cidiyo-nadiifiye

ouate

dun

coupe-ongles

cidiyo-jar

parfum

baarafuun

trousse de toilette

boorso-wajidhaq

tabouret

saxaro

pèse-personne

miisaan culays

peignoir

dhar-qubeys

gants de nettoyage

gacma gashi cinjir

tampon

tambooni

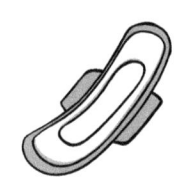

serviettes hygiéniques

tiimshe

toilette chimique

musqul kiimiko

chambre d'enfant
qolka ilmaha

réveil
saacadda dhawaaqda
doudou
boombale caruur
voiture jouet
baabuur caruureed
hochet
sanqadh
maison de poupée
guriga caruusada
cadeau
hadiyad

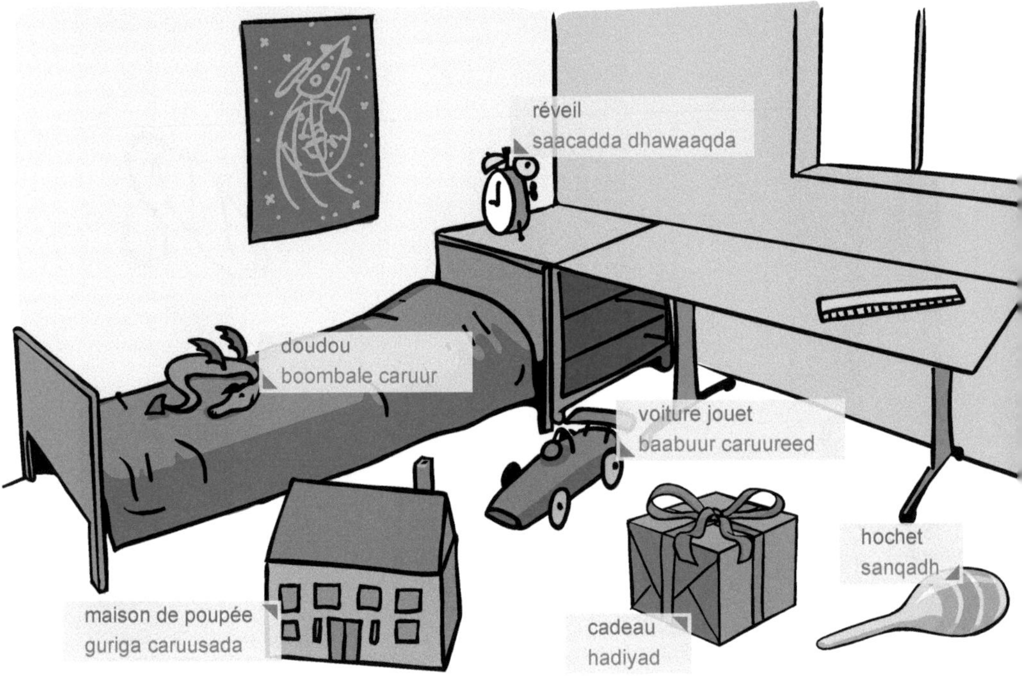

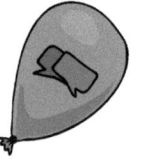

ballon

buufin

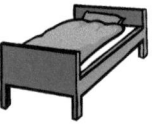

lit

sariir

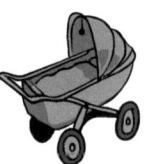

poussette

gaariga caruurta

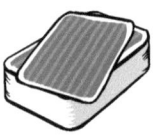

jeu de cartes

turub

puzzle

miinshaar

SUPER
MEGA

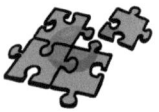

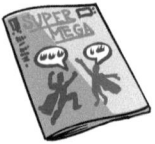

bande dessinée

maad

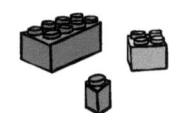

pièces lego

bulkeeti boombale ah

blocs de construction

tooy

figurine

sanam

grenouillère

isku-jooga dhallaanka

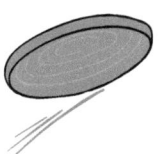

frisbee

aalad cayaar

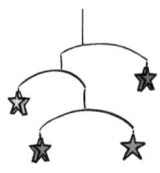

mobile

moobaayl

jeu de société

khamaar

dé

laadhuu

train miniature

moodo tareen

sucette

boombale

fête

xaflad

livre d'images

buug sawirro

balle

kubbad

poupée

boombale

jouer

cayaar

bac à sable

dhoobo-dhoobeey

balançoire

wiifoow

jouets

alaab-alaabeey

console de jeu

geemka gacanta laga hago

tricycle

baaskiil

ours en peluche

boombale

armoire

armaajo dhar

vêtements

dhar

chaussettes

sigisaan

bas

sigsaan haween

collant

surwaal-dhuuqsan

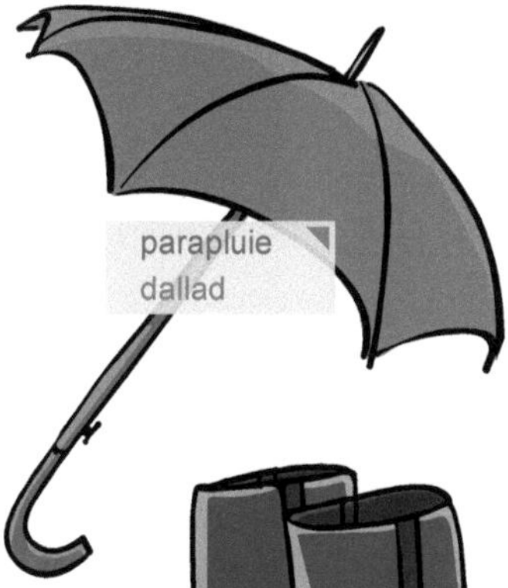

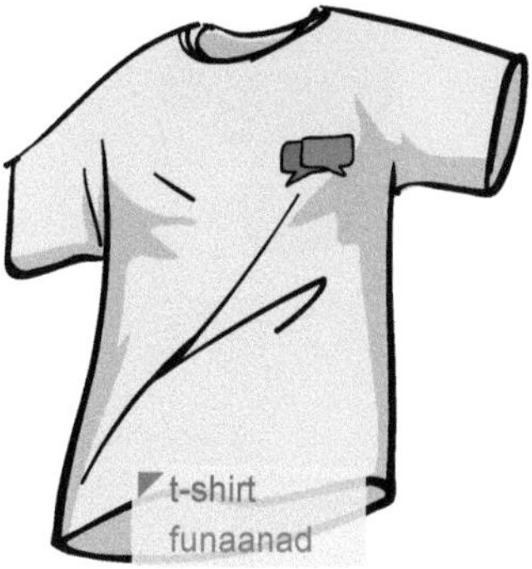

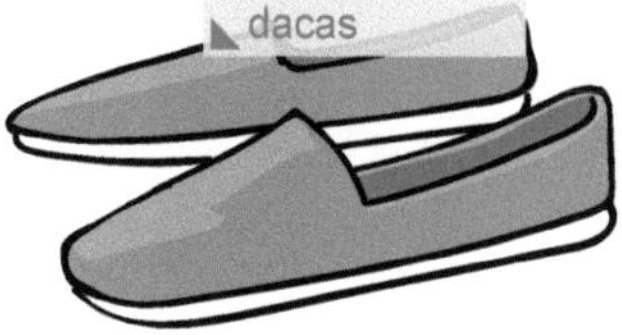

écharpe
masar

parapluie
dallad

t-shirt
funaanad

ceinture
suun

bottes
kabo buud

pantoufles
dacas

baskets
kabo tababar

sandales
....
saandalo

chaussures
....
kabo

bottes de caoutchouc
....
kabo roob

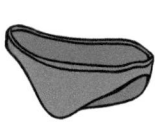

sous-vêtements
....
hoos-gashi

soutien-gorge
....
rajabeeto

maillot de corps
....
garan

body
jir

pantalon
surwaal

jean
surwaal jeenis

jupe
goono

chemisier
canbuur

chemise
shaati

pull
funaanad-dhaxameed

sweat à capuche
garan dhaxameed

veste
jaakad fudud

veste
jaakad

manteau
koodh

imperméable
koodhka roobka

costume
dhar-munaasabadeed

robe
labbis

robe de mariée
lebbis aroos

costume

suut

chemise de nuit

dhar-hurdo

pyjama

bajaamo

sari

saari

foulard

masar

turban

cimaamad

burqa

cabaayad

caftan

saako

abaya

cabaayad

maillot de bain

dharka-dabaasha

maillot de bain

dabo-gaabyo

short

surwaal-dabagaab

tenue d'entraînement

taraak-suut

tablier

dufan-dhowr

gants

gacmo gashi

bouton

galluus

lunettes

ookiyaale

bracelet

jijin

collier

silis

bague

faraati

boucle d'oreille

dhego dhego

bonnet

koofiyo

cintre

katabaan

chapeau

koofiyad

cravate

garabaati

fermeture éclair

jiinyeer

casque

helmed

bretelles

ilko-reeb

uniforme scolaire

direes dugsi

uniforme

direes

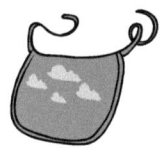

bavoir

cayo-dhowr

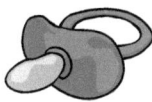

sucette

boombale

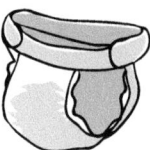

lange

maro-dufeed

bureau
xafiis

serveur
khad-bixiye
armoire d'archivage
armaajo feylal
papier
warqad
imprimante
daabace
écran
shaashad
souris
hage kombuyuutar
bureau
miis
classeur
gal
clavier
teeb-kombuyuutar
corbeille à papier
haan qashin-gur
ordinateur
kombuyuutar
chaise
kursi

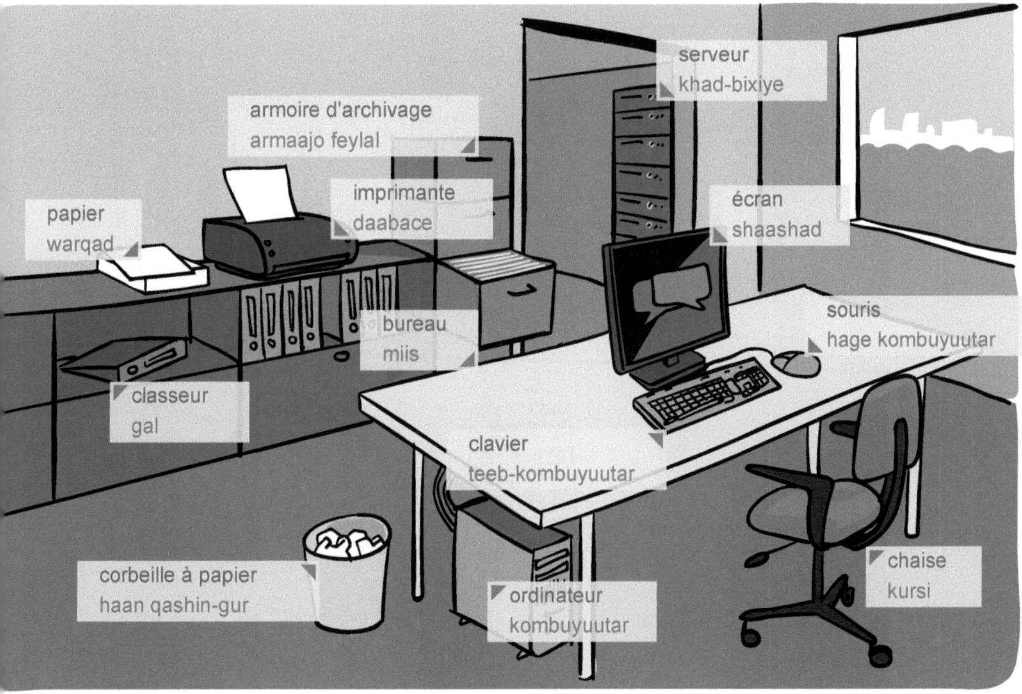

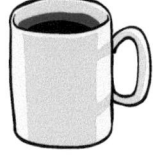

tasse de café

koob kafee

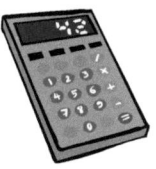

calculatrice

kalkuleytar/xisaabiye

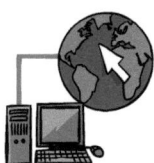

internet

internet

ordinateur portable

laabtoob

lettre

bakhshad

message

fariin

portable

moobaayl

réseau

shabakad-kombuyuutar

photocopieuse

footokoobi

logiciel

barnaamij-kombuyuutar

téléphone

telefoon

prise

god koronto

fax

mishiinkan fax-ka

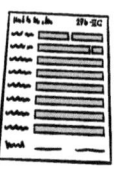

formulaire

foomka

document

dokumenti

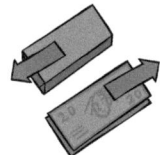

acheter

iibso

payer

bixi

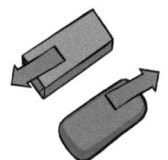

faire du commerce

ganacso

monnaie

lacag

dollar

doollar

euro

yuuro

yen

yenka jabbaan

rouble

robolka ruushka

franc suisse

Franka iswiiska

renminbi yuan

lacagta shiinaha

roupie

rubiyada hindiga

distributeur automatique

maqal

bureau de change

xafiiska sarrifaka lacagaha

or

dahab

argent

qalin

pétrole

shidaal

énergie

tamar

prix

qiime

contrat

qandaraas

taxe

canshuur

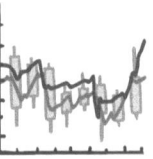

action

raasumaal

travailler

shaqee

employé

shaqaale

employeur

shaqaaleysiiye

usine

warshad

magasin

dukaan

professions

shaqooyin

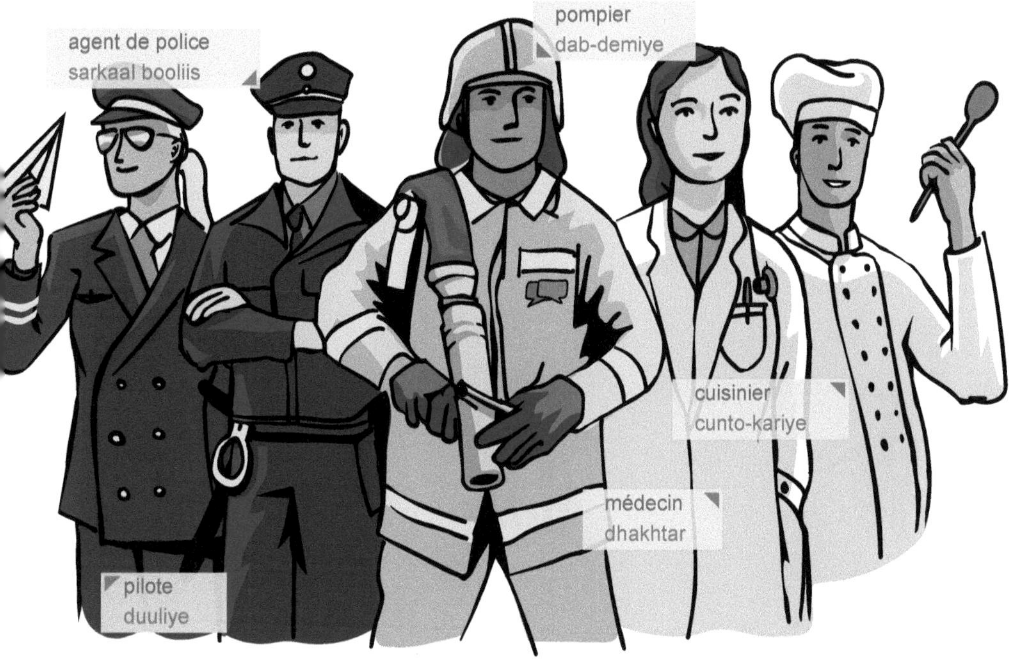
agent de police
sarkaal booliis
pompier
dab-demiye
cuisinier
cunto-kariye
médecin
dhakhtar
pilote
duuliye

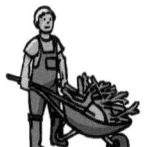

jardinier

beeralley

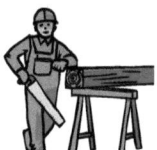

menuisier

nijaar

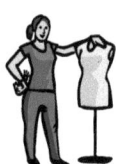

couturière

timo-qurxiso

juge

qaaddi

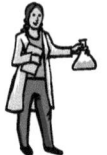

chimiste

farmashiiste

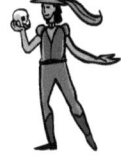

acteur

jile

conducteur de bus

darawal bas

chauffeur de taxi

taksiile

pêcheur

kalluumeyste

femme de ménage

nadiifiso

couvreur

saqaf-dhise

serveur

kabalyeeri

chasseur

ugaarsade

peintre

rinjiile

boulanger

rooti-dube

électricien

koronto-yaqaan

ouvrier

dhise

ingénieur

injineer

boucher

kawaanle

plombier

tuubbiiste

facteur

boostaale

soldat

askari

architecte

injineer-dhismo

caissier

qasnaji

fleuriste

ubax-yaqaan

coiffeur

timo-jare

contrôleur

kiro-uruuriye

mécanicien

makaanik

capitaine

kabtan

dentiste

dhakhtar-ilko

scientifique

saaynisyahan

rabbin

wadaad yahuud

imam

imaam

moine

xerow

prêtre

wadaad

outils
qalab

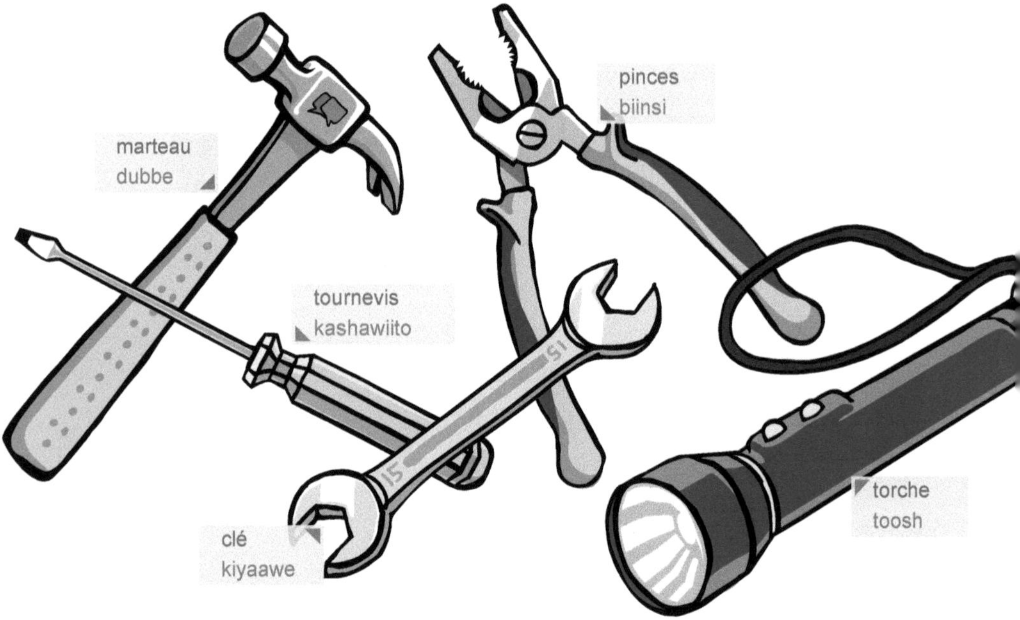

marteau
dubbe
pinces
biinsi
tournevis
kashawiito
clé
kiyaawe
torche
toosh

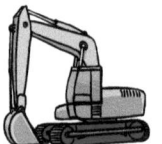

pelleteuse

dhul-qoddo

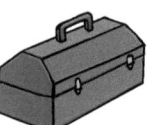

boîte à outils

qalab-xajiye

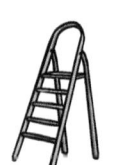

échelle

jaraanjaro

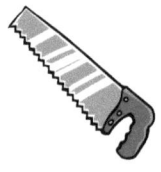

scie

miinshaar

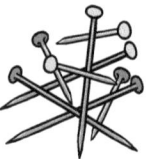

clous

musbaarro

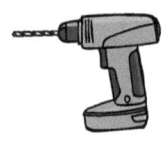

perceuse

dalooliye

réparer

dayactir

pelle

badiil

Mince !

inkaar kugu dhacday!

pelle

bus-xaabiye

pot de peinture

gasacad rinji

vis

boolal

instruments de musique
qalab muusiko

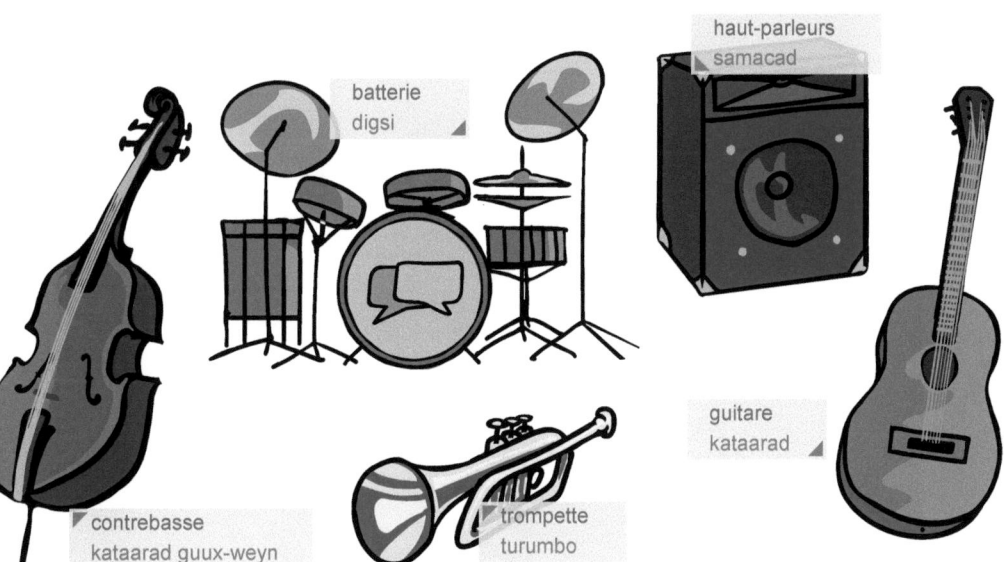

haut-parleurs
samacad

batterie
digsi

guitare
kataarad

contrebasse
kataarad guux-weyn

trompette
turumbo

piano

biyaano

violon

fiyooliin

basse

karaarad guux-dheer

timbales

durbaan-sheegagle

tambour

durbaan

piano électrique

loox-xarfeed-biyaano

saxophone

turumbo

flûte

siin-baar

microphone

makarafoon

zoo

beer-xayawaan

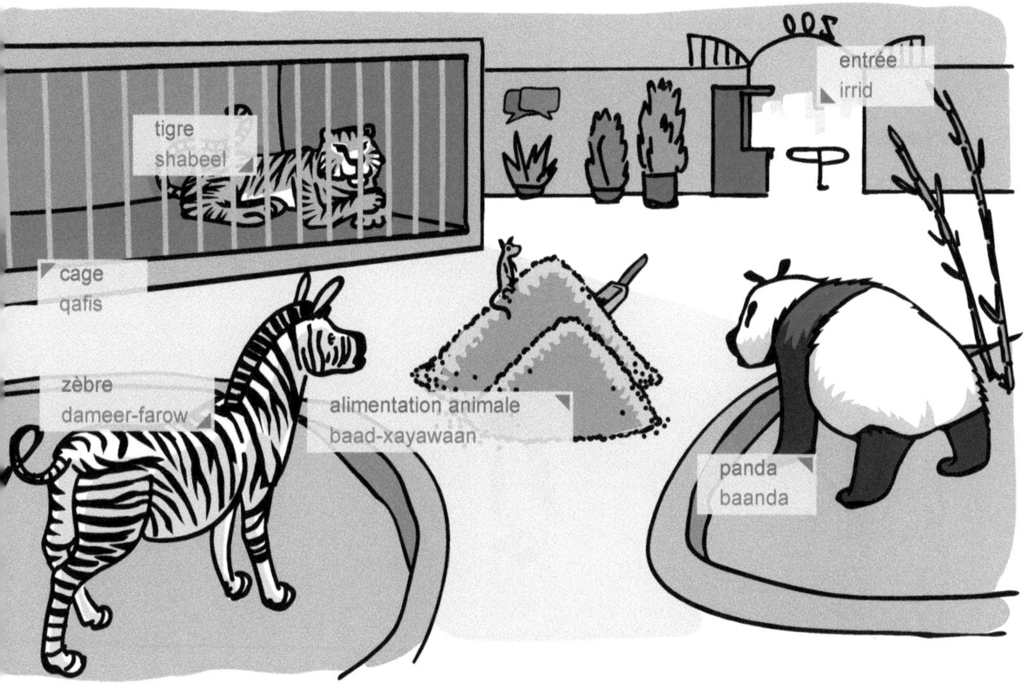
zoo
entrée
irrid
tigre
shabeel
cage
qafis
zèbre
dameer-farow
alimentation animale
baad-xayawaan
panda
baanda

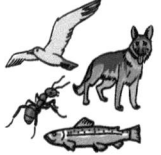

animaux

xayawaan

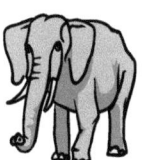

éléphant

maroodi

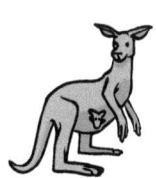

kangourou

kaangaruu

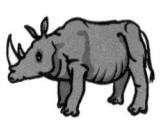

rhinocéros

wiyil

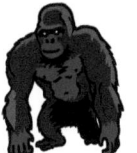

gorille

goriille

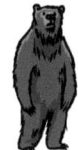

ours

oorso

chameau

geel

autruche

gorayo

lion

libaax

singe

daanyeer

flamand rose

xiita-luga-dheer

perroquet

baqbaqaa

ours polaire

oorso baraf-ku-nool

pingouin

shimbir baraf

requin

libaax-badeed

paon

daa'uus

serpent

mas

crocodile

yaxaas

gardien de zoo

beer-xayawaan ilaaliye

phoque

bahal kalluun-cun

jaguar

shabeel-u-eke

poney

dhal faras

léopard

harmacad

hippopotame

jeer

girafe

geri

aigle

gorgor

sanglier

doofaar-jilibeey

poisson

kalluun

tortue

qubo

morse

maroodi-badeed

renard

dawaco

gazelle

deero

zoo - beer-xayawaan

american Football
kubadda-cagta maraykanka

cyclisme
tartanka bashkuleetiga

tennis
kubbadda miiska

basket-ball
kubbadda koleyga

natation
dabaal

boxe
cayaarta feerka

hockey sur glace
hookiga barafka lagu dh

football
kubadda cagta

badminton
baadminton

athlétisme
ciyaaraha fudud

handball
kubadda gacanta

ski
iskii/ciyaarta barafka

polo
cayaar-faras

activités
hawlo

rire
qosol
sauter
boodid
embrasser
hab-siin
marcher
soco
chanter
hees
rêver
riyo
prier
duceyso
faire la bise
dhunkasho

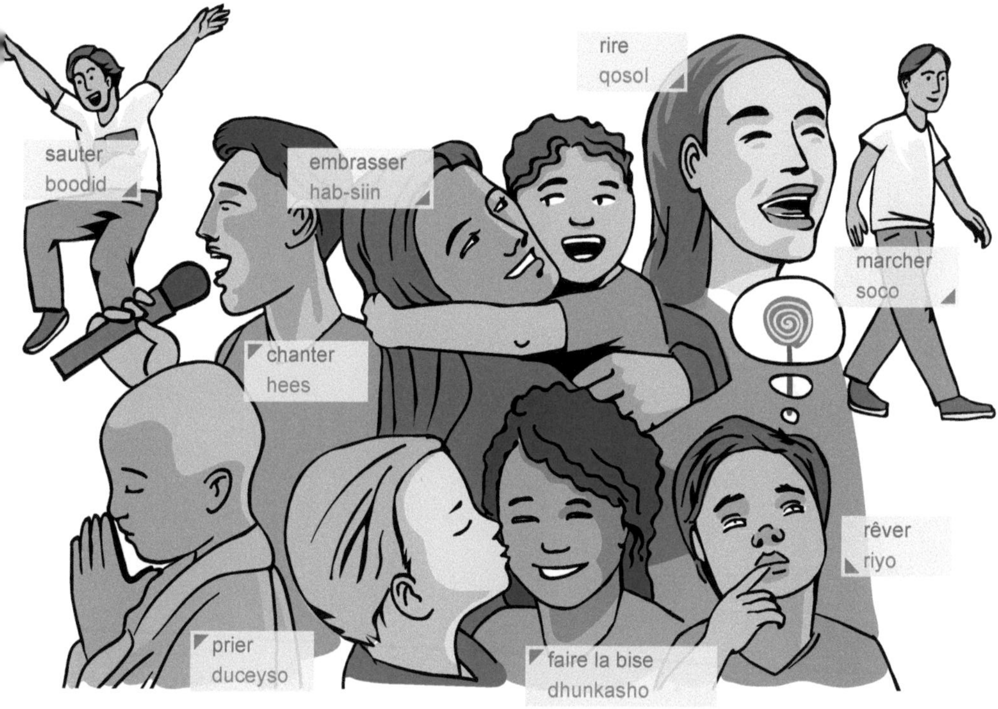

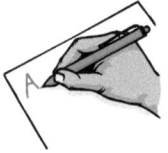

écrire

qorraxeed

dessiner

masawirid

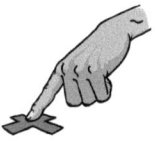

montrer

muuji

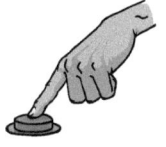

pousser

riix

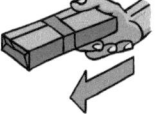

donner

sii

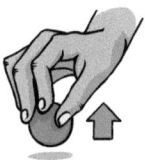

prendre

qaado

avoir

haysasho

faire

samee

être

ahaansho

être debout

istaag

courir

orod

trier

jiid

jeter

tuur

tomber

dhicid

être couché

been-sheegid

attendre

sug

porter

qaad

être assis

fariiso

s'habiller

labiso

dormir

seexo

se réveiller

toos

regarder
fiiri

pleurer
ooy

caresser
dhuftay

peigner
shanleyso

parler
hadal

comprendre
faham

demander
weydii

écouter
dhageysasho

boire
cab

manger
cun

ranger
habee

aimer
jacayl

cuire
kari

conduire
kaxee

voler
duulid

faire de la voile

shiraaco

calculer

xisaabi

lire

akhri

apprendre

barasho

travailler

shaqee

se marier

guurso

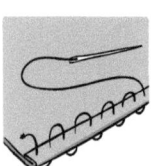

coudre

tol

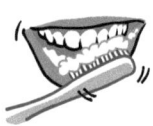

brosser les dents

cadayso

tuer

dilid

fumer

sigaar cab

envoyer

dir

grand-mère
ayeeyo

grand-père
awoowe

père
aabbe

mère
hooyo

bébé
ilmo

fille
gabar

fils
wiil

hôte

marti

tante

eeddo

oncle

adeer

frère

walaal rag

sœur

walaal dumar

corps

jir

front
fool
œil
il
visage
weji
menton
gar
poitrine
naas
doigt
far
main
gacan
bras
cudud
épaule
garab
jambe
lug

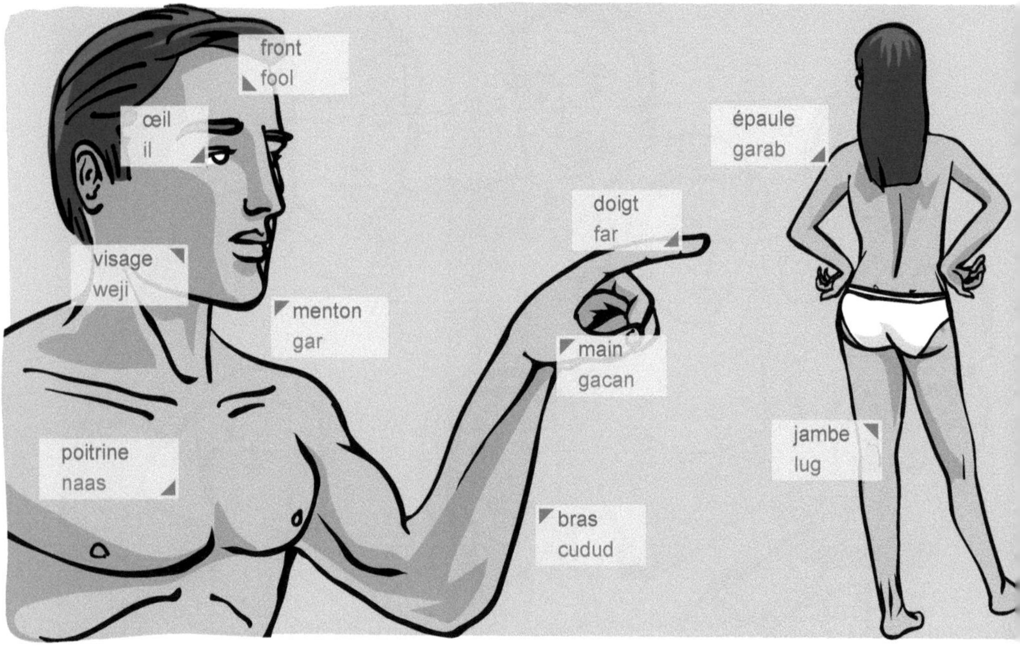

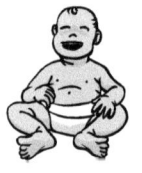

bébé

ilmo

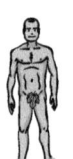

homme

nin

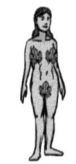

femme

naag

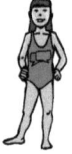

fille

gabar

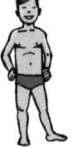

garçon

wiil

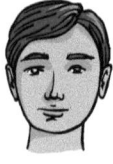

tête

madax

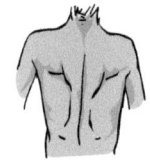

dos

dhabar

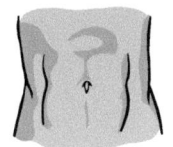

ventre

calool

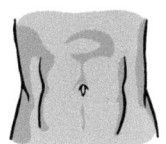

nombril

xuddun

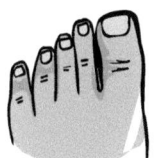

orteil

suul

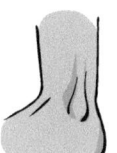

talon

cirib

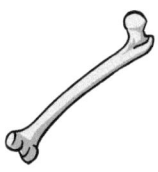

os

laf

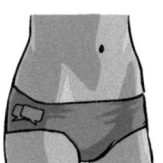

hanche

sin

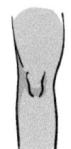

genou

jilib

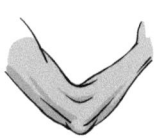

coude

xusul

nez

san

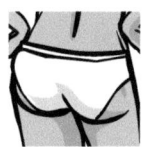

fesses

bari

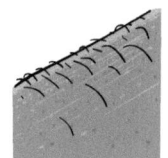

peau

maqaar

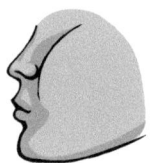

joue

dhafoor

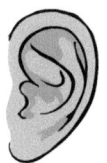

oreille

dheg

lèvre

bishin

bouche

af

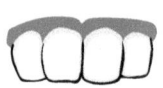

dent

ilig

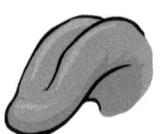

langue

carrab

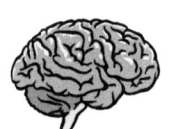

cerveau

maskax

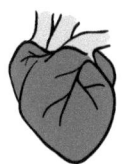

cœur

wadno

muscle

muruq

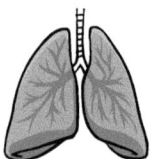

poumons

sambab

foie

beer

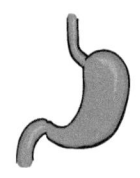

estomac

uur kujirta caloosha

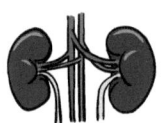

reins

kelyo

rapport sexuel

galmo

préservatif

cinjir-galmo

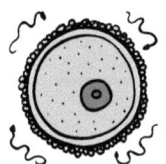

ovule

ugxan

sperme

shahwo

grossesse

uur

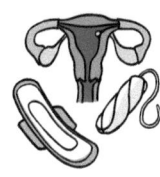

menstruation

caado

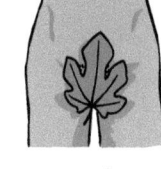

vagin

siil

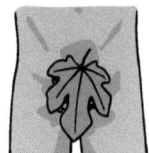

pénis

gus

sourcil

suni

cheveux

timo

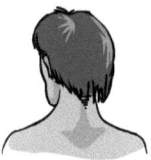

cou

qoor

hôpital
isbitaal

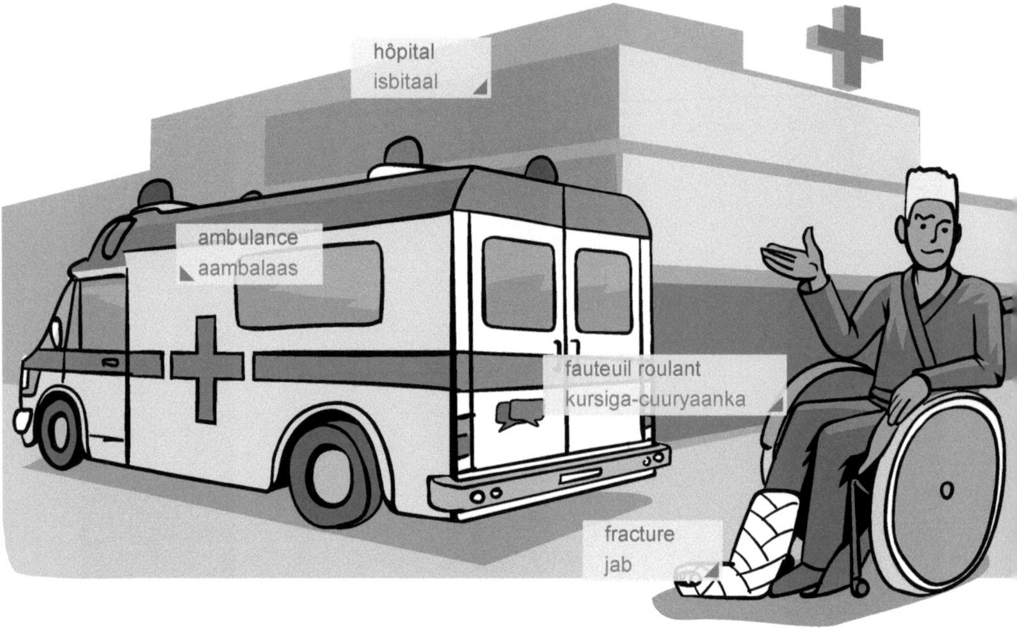

hôpital
isbitaal
ambulance
aambalaas
fauteuil roulant
kursiga-cuuryaanka
fracture
jab

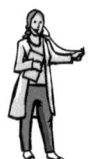

médecin

dhakhtar

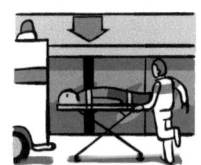

service des urgences

qolka xaaladaha-degdega ah

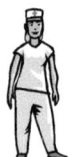

infirmière

kalkaaliye

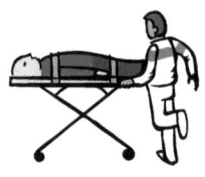

urgence

xaalad deg-deg ah

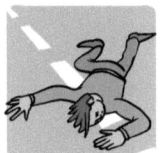

inconscient

miyir-beelsan

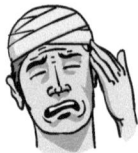

douleur

xanuun

blessure
dhaawac

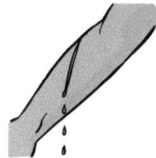

hémorragie
dhiig-bax

crise cardiaque
wadno-xanuun

attaque cérébrale
qallal

allergie
xasaasiyad

toux
qufac

fièvre
qandho

grippe
hargab

diarrhée
shuban

mal de tête
madax-xanuun

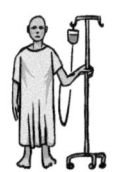

cancer
kansar

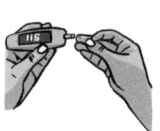

diabète
cudurka sokoroow

chirurgien
dhakhtarka-qalliinka

scalpel
mindida qalliinka

opération
qalliin

	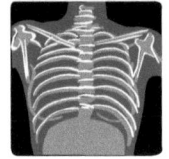	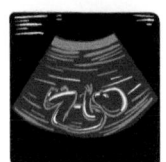
CT	radiographie	échographie
iskaan	raajo	dhawaaq-xawaareed

masque	maladie	salle d'attente
maaskaro	cudur sokoroow	qolka sugitaanka
	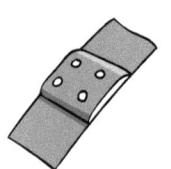	
béquille	pansement	pansement
ul lagu boodo	kab	faashato
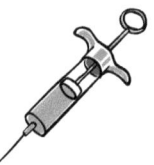	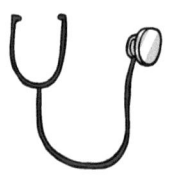	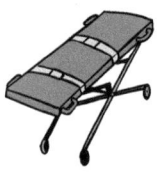
injection	stéthoscope	brancard
duris	wadne-dhegeyeste	balankiino

thermomètre	accouchement	surcharge pondérale
heer-kul-beega qandhada	dhalasho	aad-u-cayilan

appareil auditif

maqal-caawiye

désinfectant

jeermis-dile

infection

caabuq

virus

feyras

VIH / sida

AYDHIS/HIV

médicament

daawo

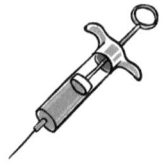

vaccination

tallaal

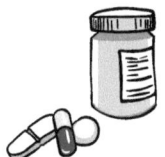

comprimés

kaniiniyo

pilule

kaniin

appel d'urgence

wicitaan deg-deg ah

tensiomètre

cabbiraha dhiig-karka

malade / sain

xanuunsan / caafimaadsan

Au secours !

i caawiya!

alarme

sawaxan

assaut

weerar-kadisa ah

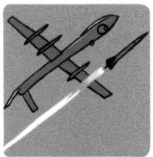

attaque

weerar

danger

khatar

sortie de secours

irridda bixida xaalad-deg-deg

Au feu!

dab!

extincteur

dab demiye

accident

shil

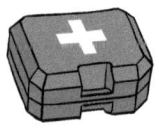

trousse de premier secours

saduuqa xaalada-degdega ah

SOS

codsi badbaado

police

booliis

Europe

Yurub

Amérique du Nord

woqooyiga ameerika

Amérique du Sud

koonfurta ameerika

Afrique

Afrika

Asie

Aasiya

Australie

Oostareeliya

Océan atlantique

Atlaantik

Océan pacifique

Pacific

Océan indien

Bad-waynta hindiya

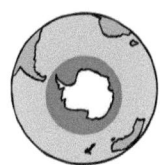

Océan antarctique

Bad-waynta antarctica

Océan arctique

Bad-waynta arctic

pôle nord

cirifka waqooyi

pôle sud

cirifka koonfureed

Antarctique

Antarctica

terre

dhul

pays

dhul

mer

bad

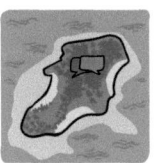

île

jasiirad

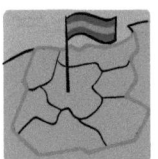

nation

waddan

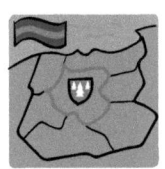

état

gobol

cadran

wajiga saacadda

aiguille des heures

gacanka saacada

aiguille des minutes

gacanka daqiiqada

aiguille des secondes

gacanka ilbiriqsiga

Quelle heure est-il ?

waa intee saac?

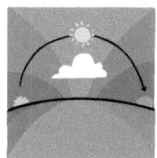

jour

maalin

temps

wakhti

maintenant

hadda

montre digitale

saacadda jiifarrada

minute

daqiiqad

heure

saacad

semaine

toddobaad

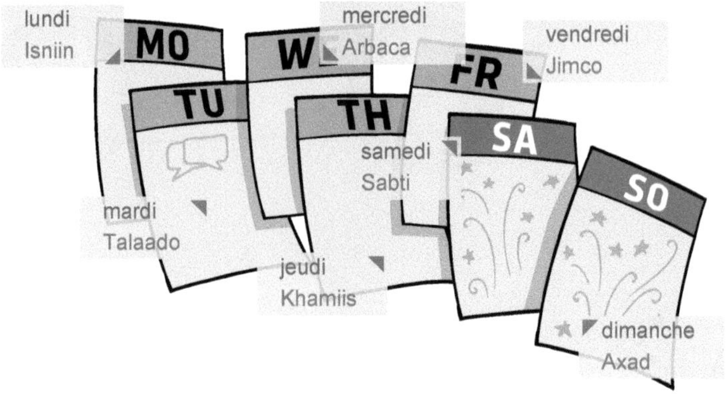
lundi
Isniin
MO
mardi
Talaado
TU
mercredi
Arbaca
W
jeudi
Khamiis
TH
vendredi
Jimco
FR
samedi
Sabti
SA
dimanche
Axad
SO

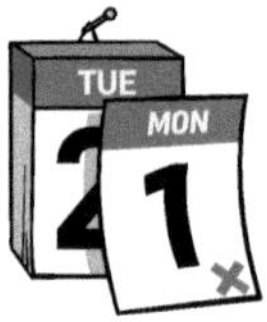
TUE
MON
21

hier
shalay

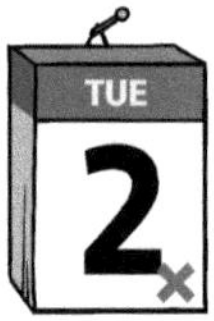
TUE
2

aujourd'hui
maanta

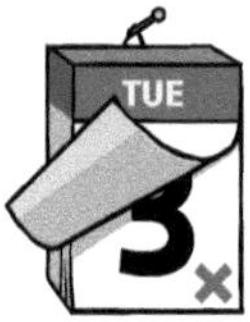
TUE
3

demain
berri

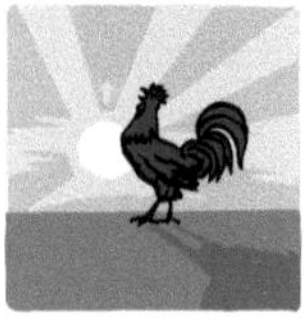

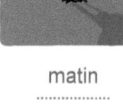

matin
subax

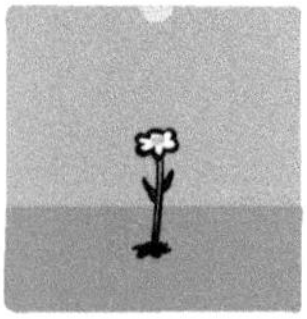

midi
duhur

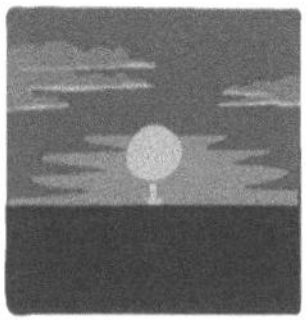

soir
casir

MO TU WE TH FR SA SU
1 2 3 4 5 6 7
8 9 10 11 12 13 14
15 16 17 18 19 20 21
22 23 24 25 26 27 28
29 30 31 1 2 3 4

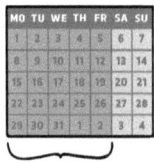

jours ouvrables
maalmaha shaqo

MO TU WE TH FR SA SU
1 2 3 4 5 6 7
8 9 10 11 12 13 14
15 16 17 18 19 20 21
22 23 24 25 26 27 28
29 30 31 1 2 3 4

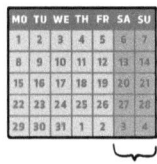

week-end
dabayaaqada usbuuca

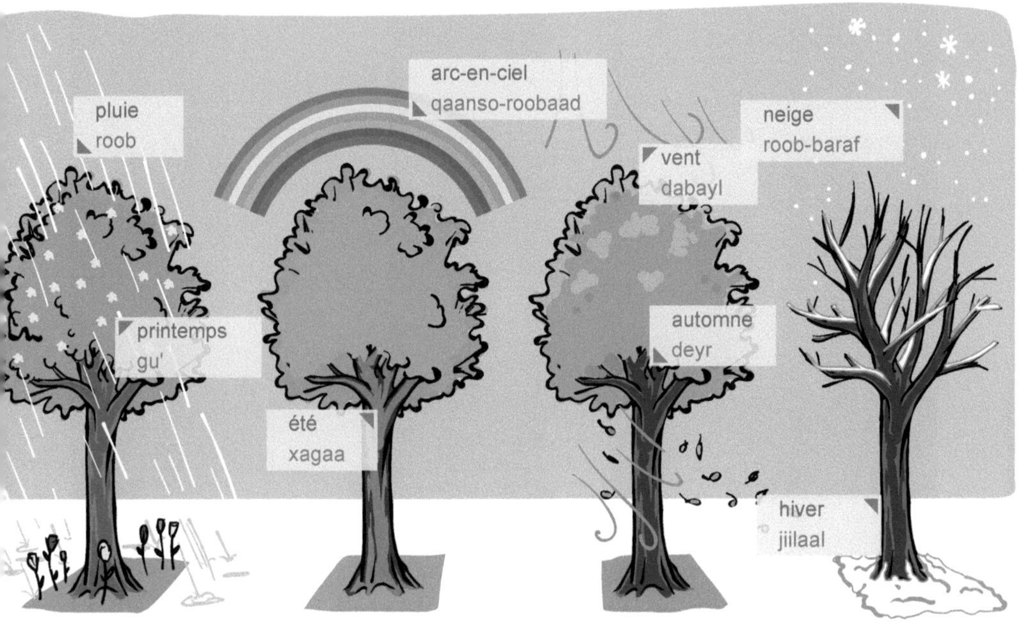

pluie
roob

arc-en-ciel
qaanso-roobaad

neige
roob-baraf

vent
dabayl

printemps
gu'

été
xagaa

automne
deyr

hiver
jiilaal

	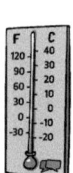	
météo	thermomètre	lumière du soleil
saadaal hawo	heer-kul baare	qorraxeed

nuage	brouillard	humidité
daruur	ceeryaamo	huur

foudre

jac

tonnerre

onkod

tempête

duufaan

grêle

roob-baraf

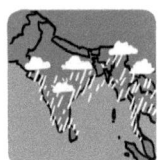

mousson

maansuun

inondation

daad

glace

baraf

janvier

Jannaayo

février

Febraayo

mars

Maarso

avril

Abriil

mai

Mey

juin

Juun

juillet

Luulyo

août

Agoosto

année - sanad

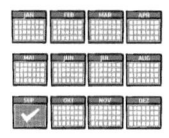

septembre

Sebteember

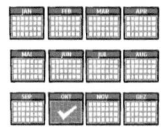

octobre

Oktoobar

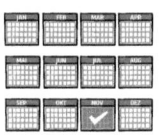

novembre

Nofeember

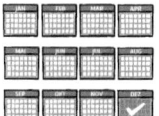

décembre

Diseember

formes
qaababka

cercle

goobaabo

carré

afar-gees

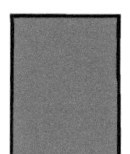

rectangle

leydi

triangle

saddex-xagal

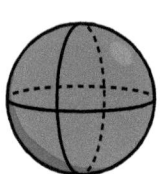

sphère

wareeg

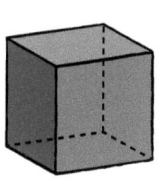

cube

bokis

blanc

caddaan

jaune

hurdi

orange

oranji

rose

guduud-khafiif

rouge

casaan

violet

carwaajis

bleu

bluug

vert

cagaar

marron

boroon

gris

cawl

noir

madow

beaucoup / peu

badan / yar

fâché / calme

caro / daganaan

joli / laid

qurxoon / foolxun

début / fin

billow / dhammaad

grand / petit

yar / weyn

clair / obscure

iftiin / mugdi

frère / soeur

walaalkaa / walaashaa

propre / sale

nadiif / wasakhaysan

complet / incomplet

buuxa / dhantaalan

jour / nuit

maalin / habeen

mort / vivant

dhintay / nool

large / étroit

ballaaran / ciriiri ah

comestible / incomestible

la cuni karo / aan la cuni karin

méchant / gentil

arxan-daran / naxariis-badan

excité / ennuyé

faraxsan / caajisan

gros / mince

buuran / caateysan

premier / dernier

ugu horeeya / ugu dambeeya

ami / ennemi

saaxiib / cadaw

plein / vide

maran / buuxa.

dur / souple

adag / jilicsan

lourd / léger

culus / fudud

faim / soif

gaajo / oon

malade / sain

xanuunsan / caafimaadsan

illégal / légal

sharci-darro / sharci

intelligent / stupide

caaqil / dabbaal

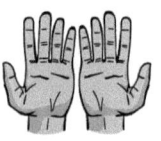

gauche / droite

bidix / midig

proche / loin

dhow / fog

nouveau / usé

cusub / duug

rien / quelque chose

waxba / wax

vieux / jeune

da' / dhalinyar

marche / arrêt

daaris / damin

ouvert / fermé

furan / xiran

faible / fort

aamusnaan / cod-dheer

riche / pauvre

taajir / sabool

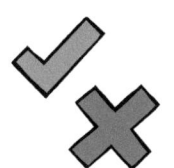

correct / incorrect

sax / khalad

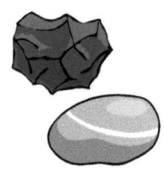

rugueux / lisse

jilif leh / sabiibax

triste / heureux

murugsan / faraxsan

court / long

gaaban / dheer

lent / rapide

tartiib / dhaqsi

mouillé / sec

qoyaan / qalleyl

chaud / froid

qandac / qabow

guerre / paix

dagaal / nabad

0	**1**	**2**
zéro	un / une	deux
eber	kow	laba

3	**4**	**5**
trois	quatre	cinq
saddex	afar	shan

6	**7**	**8**
six	sept	huit
lix	toddoba	sideed

9	**10**	**11**
neuf	dix	onze
sagaal	toban	kow iyo toban

12

douze

laba iyo toban

13

treize

sadex iyo toban

14

quatorze

afar iyo toban

15

quinze

shan iyo toban

16

seize

lix iyo toban

17

dix-sept

todoba iyo toban

18

dix-huit

sideed iyo toban

19

dix-neuf

sagaal iyo toban

20

vingt

labaatan

100

cent

boqol

1.000

mille

kun

1.000.000

million

malyuun

anglais

Af ingiriis

anglais américain

Ingiriiska Mareykanka

chinois mandarin

Mandariinka Shiinaha

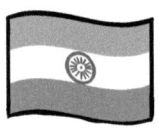

hindi

Hindi

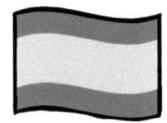

espagnol

Boortaqiis

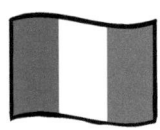

français

Faransiis

arabe

Carabi

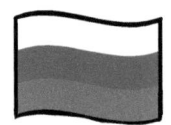

russe

Ruush

portugais

Boortaqiis

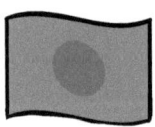

bengali

Bengaali

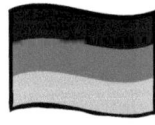

allemand

Jarmal

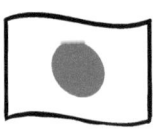

japonais

Jabaaniis

je

aniga

tu

adiga

il / elle / ce, c', cela

asaga / ayada

nous

annaga

vous

idinka

ils / elles

ayaga

Qui ?

kee?

Quoi ?

maxay?

Comment ?

sidee?

Où ?

xagee?

Quand ?

goorma?

nom

magac

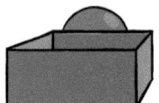

derrière

gadaal

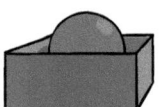

dans

gudaha

devant

horta

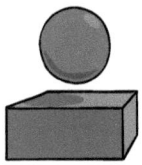

au-dessus

ka sare

sur

dusha

en-dessous

ka hooseeya

à côté de

dhinac

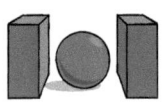

entre

u dhexeeya

lieu

meel